雲のかたちが
いつもと違う
神仏サインいろいろ
催しもの
動物や虫の出現
境内で見知らぬ人と
話がはずむ

無風状態なのに
急に風が舞う
雲間から日が差す
虹
結婚式
祈祷

はじめに

今までいろんなお話を本やブログで紹介してきましたが、神社仏閣の参拝に関してまとめて書いたことはありませんでした。全然違う話題の途中で「ついでに言えば…」とか「ちなみにこういう場合は…」など、オマケのように参拝のコツをちょこっと書くことが多かったように思います。そのせいか参拝についての質問がたくさん届き、質問をいただくたびに本当に申し訳なく思ってきました。なんとか1冊にまとめられないだろうか、とずっと考えておりました。

本書は念願叶って、今までの著書やブログのあちこちに書いていた参拝のコツをまとめ、さらに「これは足しておかねば！」と思ったものを加えた1冊です。参拝に特化した内容となっています。文章で長々と説明をすると、かえってわかりづらい部分があるため、要点だけを簡潔に並べてみました。可愛いイラストを入れてもらったおかげで、柔らかな感じでお伝えできているように思います。

神仏の恩寵を〝自分の感覚で〟少しずつ認識できるようになってきた方が、最近増えています。それは神仏側からしても、とても喜ばしいことのようです。本書を参考にしていただき、礼儀正しい参拝を心がけ、してはいけないことを避け、歓迎はありがたく喜ぶことがおすすめです。ますます皆様が神仏に愛されますことを心からお祈り申し上げます。

桜井識子

【基礎知識】神社には神様が鎮座しています。ひとくちに神様と言っても、その種類はいろいろですが、大まかに言えば、険しい山にいる神様と平地にいる神様の2種類に分けられます。

私は、山にいる神様を「山岳系神様」とお呼びしています。こちらの神様は神格が高く、波動も力もとても強いです。ワンランク上と言っても過言ではありません。どのような神様が山岳系かというと、山の中腹や山頂にお社がある、奥宮《おくみや》がある、もしくは麓《ふもと》に拝殿があってご神体は山そのものという神社のご祭神です。修験道の聖地と言われる役行者《えんのぎょうじゃ》が開山した山にいるのは、山岳系神様だと思ってほぼ間違いないです。

平地にいる神様は一概に「こうです」と述べるのが難しく、力や波動、神格などはそれぞれで、強大な力を持つ神様もいれば控えめな神様もいます。神様によっては、願掛けの得意な分野があったり、地域限定でその土地の人を守っていたりします。大きな神社などは摂社末社の神様も本殿にいて、大変にぎやかなところもあります。

神社には「眷属《けんぞく》」という、神様のそばでお手伝いをしている存在がいます。眷属は、龍や天狗など神様として祀られているほどの強いものから、ヘビや狼のような神獣もいますし、もとは人間だったという神様修行中の眷属もいます。眷属も多くの種類に分かれていて、神格もさまざまです。

どの眷属も真摯に、とても真面目に仕事をしており、時には厳しい対応をすることがある、というのが特長です。忠誠心が非常にあついため、親分である神様を侮辱する行為は許しません。眷属自身を侮辱しても叱られます。ですから失礼のないよう、礼儀正しい参拝を心がけることが大切です。

神様も眷属も仏頂面で社殿に構えているのかというと、そうではなく、豊かな個性をお持ちです。陽気でよく笑う神様もいれば、優しくおっとりした性質の神様もいて、ユーモアあふれるタイプの神様や眷属は冗談なども言います。どの神様も「人間が大好き」という優しい気持ちを持っていますから、こちらも「神様大好き！」という愛情全開で参拝に行くととても喜ばれます。その愛情を何倍もの恩恵にして返してくれます。

お寺にいる仏様は、神社の神様とは存在自体が違っています。同じように見えない世界にいて、とても大きな力を持ち、人間を慈しみ、助け、導いてくれるという点では変わりはありません。しかし、存在する世界が違うため、参拝の仕方も少し異なっています。神社編とした前半部分は神社だけに限ったものではなく、お寺にも当てはまる部分が多くあります。ですから基本は神社編で押さえておいて、お寺独自のものは後半のお寺編を参考にするとわかりやすいかと思います。

神仏はこちらがピュアな信仰心で接すれば必ずそれに応えてくれます。感じようと努力をすれば、「神仏がわかる」「神仏を感じる」ことは意外と簡単です。本書でそのコツをつかんでもらえれば嬉しく思います。

識子流祝詞

みそぎのおおはらい

身滌大祓

たかまのはらに　かむづまります　かむろぎかむろみの　みこともちて

高天原に神留座す　神魯伎神魯美の詔以て

すめみおやかむいざなぎのおおかみ　つくしの　ひむがの　たちばなの

皇御祖神伊邪那岐大神　筑紫の日向の橘の

をとの　あわぎはらに　みそぎはらえたまいしときに　あれませる

小戸の阿波岐原に　御禊祓へ給ひし時に生座る

はらいとのおおかみたち　もろもろのまがごと　つみけがれを
祓戸の大神等　諸の枉事罪穢を
はらいたまえ　きよめたまえと　もうすことの　よしを
拂ひ賜へ清め賜へと申す事の由を
あまつかみ　くにつかみ　やをよろづのかみたちともに　きこしめせと
天津神國津神　八百萬の神等共に聞食せと
かしこみかしこみもうす
恐み恐み申す

この祝詞はネットなどで調べると微妙に異なっています。神様は大らかに聞いて下さっているので細部にまでこだわらなくても大丈夫です。声に出して(ささやく程度でOK)それっぽく唱えることがコツです。紙を見ながら唱えても暗唱しても効果は変わりません。2拍手して祝詞を唱え、そこから先は「心の中で」お話をします。よみがなは「音」で表記していて「へ」は口で言うと「え」なので「え」と書いています。

神 社

SHRINE

1と15

日にちのおすすめは1日と15日

この2日は神様の世界ではお祭りの日です。神棚があるお宅はできればお供え物をします。神社参拝も1日と15日は普通の日よりちょっぴり特別ですから、行くと喜んでもらえます。

参拝する時間のおすすめは早朝

早朝は清浄な時間です。空気も清らかでクリアです。この時間に参拝をすると、感覚も澄み切っていて高感度なため、神様のことがわかりやすいです。

安全な参拝ができるのは午後3時までです

大きな神社や、神格が高い神様はもう少し遅くまで大丈夫です。神格が判断できないお社や祠は用心のために、参拝はこの時間までにすませることをおすすめします。

参拝は普段着でもかまいません

神様は黒い色が苦手なので全身黒づくめだけは避けます。旅行などで2日続けて同じ服を着なければいけない時でも、下着さえ取り替えていれば問題ありません。

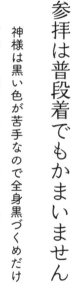

参拝はひとりがおすすめです

誰かと一緒に行っても、参拝は分かれてひとりになる、もしくはおしゃべりをやめて静かに歩きます。五感を研ぎ澄ましていないとわからない神様からのサインもあるからです。

喪中と生理中は参拝すると失礼になります

できれば遠慮したほうがいいです。神前式（神社結婚式）などやむを得ない場合は心の中で丁寧に謝罪すれば許してもらえます。可能なら後日お詫びに行くと誠意が伝わります。

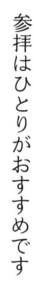

喪はお葬式の翌日から数えます

〝神様の世界〟での喪は、ご遺体に接した次の日から数えて、友人知人などは7日間、親・配偶者・子どもは49日間、それ以外の親族は33日間です（神道・仏教とは日数が異なっています）。

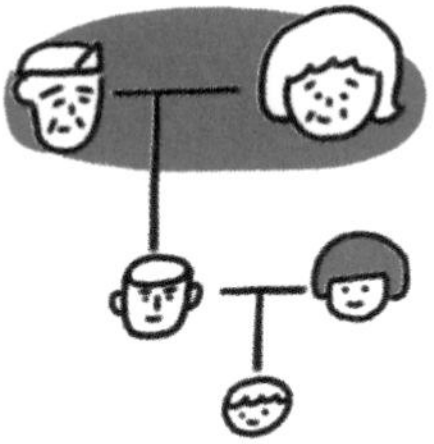

血のつながりがなければ喪は7日です

義理の親、夫の親族、血のつながった叔母の夫である叔父など、血縁がない場合は一般的な喪になります。親密な関係だったとしても、血がつながっていなければ7日で問題ありません。

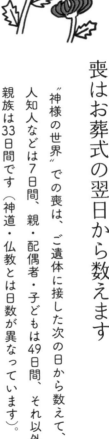

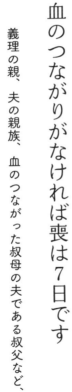

ペットの死に喪はありません

ペットは人間とは違うサイクルに属していますので、喪はありません。ただ、亡くなったその日だけは神社に参拝することを遠慮します。翌日からは参拝しても大丈夫です。

神格が高い神社は最後に参拝します

1日で神社を何社かまわる場合、神格が高い神社を最後にします。最後に参拝した神社の波動が魂に残るので、一番高い波動を身にまとって帰ることができます。

神社に着くまでに守護霊にお願いをします

先にご挨拶に行ってもらえるよう、守護霊に事前にお願いをしておきます。こうすることで「よい心がけである」と神様も眷属も目をかけてくれやすくなります。

境内はなるべく表参道から入ります

神社によっては門がいくつかありますが、正式な参拝を心がけるなら正門から入ります。駐車場のそばに出入口があっても、できれば表にまわったほうがいいです。

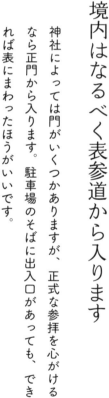

鳥居をくぐったらそこから先は神域です

心の中でご挨拶と自己紹介を始めます。神域内で話したことはすべて、神様にも眷属にもしっかり聞こえていますから、本殿で重ねて自己紹介をしなくても大丈夫です。

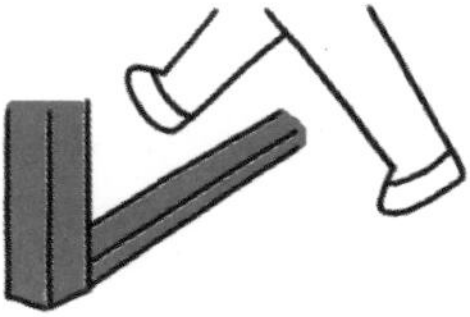

門の敷居を踏んではいけません

敷居があるところは敷居をそっとまたいで入ります。神域の境界線、または結界の境界線になっていることがあり、その場合、踏むとよくないので気をつけます。

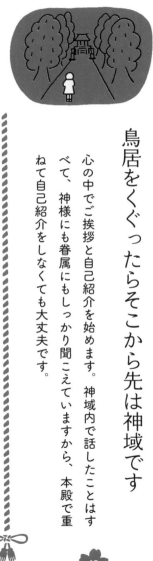

参道は真ん中を歩きません

順路が右側と決められていなければ、なるべく左側の端を歩きます。雨の日は鳥居をくぐる時だけ、傘をたたんで軽く礼をすると、非常に丁寧な参拝となります。

自己紹介はとても大切です

まず住所と名前を言って、なぜここに来たのか、叶えてほしいお願いは何か、その内容、自分を取り巻く周囲の状況、自分が考えていることなどを、詳しく具体的にお話します。

神域ではたくさん話をしましょう

お昼はお蕎麦の予定です、昨日のテレビ番組が面白かったです、などなんでもかまいません。くだらないと思うことでも、たくさん一生懸命に話したほうがよい印象を持ってもらえます。

「思う」ことと「話しかける」ことは別です

神様に話しかけることに慣れていない人は、心の中でただ「思う」だけになっています。「話しかける」ことが大切です。慣れるまでは小声で言うようにすれば感覚がつかめます。

手水舎は臨機応変に使い分けます

凍っていたり、水が澱《よど》んで汚いところもあります。手は必ず清めなければいけない、というものではありませんから、清潔な水でなければ省略しても差し支えありません。

手水で波動をたっぷりと受け取りましょう

1日で何社かまわる場合、直前に参拝した寺社の波動を手水でリセットすれば、新たに最大で受け取ることができます。波動を書き換えてもいただいたご加護や恩恵が消えることはありません。

お守りは参拝する前に買いましょう

波動を強力にしてもらいたい人はお守りを参拝の前に購入します。あとから買っても悪くはないのですが、お願いをしている時にそこに現物があったほうが、より強いお守りとなるからです。

※波動を強力にする方法は38番に掲載しています

好意からでも狛犬を撫でないようにします

力の強い眷族が入っていた場合、まれに非常に厳しい対応をされることがあります。素敵な狛犬だな、と思う気持ちは十分に届いているので、撫《な》でるという下に見る行為は避けましょう。

ゴミは取って差し上げましょう

狛犬やお寺の石仏に、たまにゴミが載っていることがあります。木の葉などもそうですが、取って差し上げると喜ばれます。これは一種の奉仕になるため霊格アップにもつながります。

参拝させてもらえるかどうかは眷属次第

眷属は神域の入口（平地の神社なら鳥居、山岳系なら山の麓）から、本殿までの参道を管理しています。厳しい眷属がいることもあるので、失礼のないよう気を配ります。

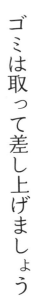

眷属は侮辱に当たる行為を怒ります

侮辱をされても神様は怒りませんが、眷属は許してくれません。これは気が短いからではなく、忠誠心が非常にあついことと、よくない心根を正すためです。叱るのも正当な理由があるのです。

お賽銭は無理のない範囲で

願掛けを叶えてもらうことと金額は関係ありません。ちょっと多かったかな、もったいなかったかも？　と惜しむ念をお賽銭箱に入れないように、気持ちよく入れられる金額にします。

お賽銭は五円（ご縁）にこだわらずに

小さなお社や修復が必要な神社などは、多めに入れたほうが喜ばれます。キレイなお社になるといいですね、という優しい思いやりの入ったお賽銭となるからです。

お賽銭は投げないようにします

投げて入れる行為は失礼です。滑り込ませるように静かに入れます。初詣など人出が多い時も遠くから放るのではなく、近くまで行ってそっと入れるようにします。

鈴は鳴らしても鳴らさなくても

力任せにガラガラと大きな音で鳴らすのはおすすめできません。鳴らす時は控えめに、そっと音をたてるようにします。参拝者が多い日は逆に鳴らさないほうがいい時もあります。

立つ位置は本殿の真ん前でなくても大丈夫

本殿の真正面、ど真ん中に立たなくても問題ありません。長くお話をしたい時などは、逆に正面を避け少し横にずれて立つと、他の人に迷惑をかけずに、ゆっくり参拝ができます。

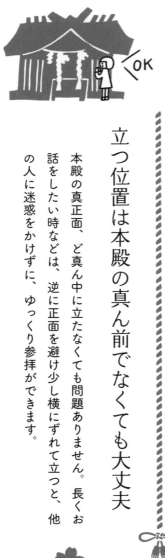

柏手は今からお話をしますという合図

2拍手で神様は社殿の奥の空間から出て来られます。柏手は人間の話やお願いを聞いていただく、その準備のためのものであり、礼儀として大切なものですから、大きく鳴らすといいです。

キレイな参拝姿勢は眷属にほめてもらえます

「気をつけ」でピシッと立ち、90度腰を曲げて礼をするという姿勢で参拝をすると、眷属に「気持ちがいいのぉ～」と喜ばれます。気持ちのよい姿勢をすると神様や眷属に注目してもらえます。

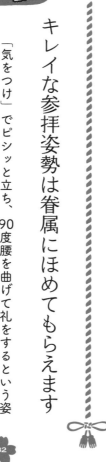

神社での一般的な参拝の仕方

2回礼をして、2拍手し、1礼をします。お願い事は2拍手をしたあとに手を合わせたまま、目をつぶって、頭を若干下げて、お話します。心の中で話してもちゃんと届きます。

私の参拝の仕方は2拍手、2拍手、1礼です

本殿の内部空間と言いますか、神様がいらっしゃるところを確認してから、2拍手をします。合掌したまま目をつぶって頭を下げお話します。話し終えたら2拍手で締め、最後に1礼します。

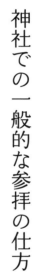

合掌する位置は胸より上にします

胸から上にしたほうが、より信仰心を示すことができます。私は首の前あたりで手を合わせます。この位置だと頭を下げてお話をする時に、合掌した手が額より少し上になるからです。

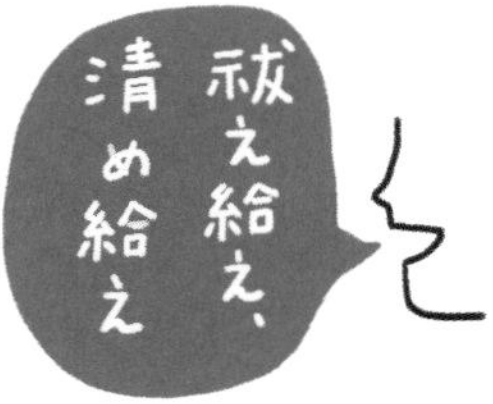

お願いの前に簡易祝詞で少し丁寧なご挨拶

最初の2拍手のあと「祓《はら》え給《たま》え、清め給え」と言うと神様に喜ばれます。何回言ってもオーケーです。長い祝詞《のりと》を唱える時間がない時や、摂社末社だったらこれでも十分丁寧なご挨拶となります。

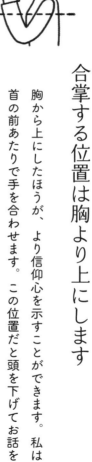

もっと丁寧にしたい時は祝詞を奏上

祝詞は声に出さないと効力を発揮しません。小声でもいいので声に出して唱えます。読みながらでもかまいません。神様の波動になじみやすくなり、礼儀正しい参拝となります。

※祝詞は巻頭に掲載しています

お守りを強力にしてもらいましょう

購入したお守りの包装を取り、社殿の階段の上かお賽銭箱の上、置けない場合は手首や指にかけて、強い波動を入れてもらうよう神様に自分で直接お願いします。

願い事はひとつの神社でひとつだけ

2つも3つも願うのは欲張りである人間性が出てしまいます。いくつも願い事があるときは、神社を変えて、ひとつの神社にひとつだけお願いをしましょう。

同じ願い事をあちこちの神社でしても大丈夫

まったく失礼ではありません。ただし、お願いしたことが叶ったら、どこの神様が叶えてくれたのかがわからないので、すべての神社にお礼に行かなければなりません。

世界平和を願わなくても問題ありません

神社仏閣で個人のお願いをすることに罪悪感を覚えなくても大丈夫です。個人の幸せは平和を築く礎石のひとつですから、堂々と自分が幸せになるお願いをしましょう。

プロフェッショナルな神様にお願いする

神様にはどのような願掛けをしても基本的にはオーケーですが、その願掛けを専門とする神様のほうが叶える力は大きいです。神格によっては成就が難しいこともあったりします。

縁結び祈願は人生のお願いです

縁結びは人生を、今とは違った彩りや実りのあるものにしたいということです。相手に対する条件だけをお願いするのではなく、人生を豊かにするイメージをお話しします。

平癒祈願は病院名をお忘れなく

入院しているのであれば病院名、所在地、病室番号を伝えます。手術前なら手術日や執刀医の名前も言っておきます。お願いする神様によっては短期間で奇跡的に病気が治癒することもあります。

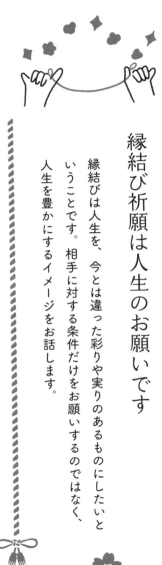

金運祈願は現状脱出がキーポイント

具体的な金額とその理由をしっかりお話しします。より効果的なのは、なぜ今の経済状態では困るのかを詳しく伝えることです。「賭けごとで勝ちますように」はＮＧなので気をつけます。

神様はギャンブルがお嫌いです

宝くじや万馬券が当たりますように、パチンコで大勝ちしますように、などのお願いはすべて却下されます。神様は賭け事がお嫌いですから、このような願掛けはしないようにしましょう。

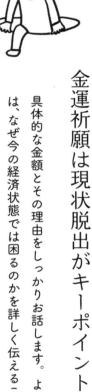

合格祈願は目先のことにとらわれずに

合格すると不幸になる、または別の進路に進んだほうがよい、と判断すると、神様はあえて不合格にします。よい方向に導いて下さいとお願いすれば、最善の未来に続く道に導いてくれます。

夢を叶えたい祈願は奉仕を強調します

夢の実現をあと押ししてほしい時は、その夢がどれだけ社会に貢献できるかを伝えます。その夢の実現を通して、どのように人々に奉仕したいのかを誠心誠意お話するといいです。

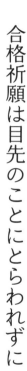

安産祈願は生まれてくる子どもの初参拝

お腹にいる時にご縁を下さった神様は、その子が成人してもずっと守ってくれます。最初に参拝する神社が大事ですから、力が強い神様を選び、安産祈願と同時に子どものご加護もお願いします。

願掛けをすぐにあきらめてはもったいない

叶わなかったのは神様が多忙だったのかもしれないし、ベストな状態で叶う時期待ちなのかもしれません。人間にはわからない事情があるので、すぐにあきらめたりせず何回か通います。

神様の役割は現実世界の管理です

神様はその力をおもに現実世界に作用させます。七五三・結婚式などのお祝いごと、平癒・合格・縁結びなどの各種祈願は、現実世界でのごりやくをいただくものです。

力があるから見えない世界の願掛けも叶う

神様は強い力を持っているので、本来のお仕事の現実世界のことだけでなく、見えない世界に関する願掛けも叶います。憑きものを落としたり、心を整えてくれたりもします。

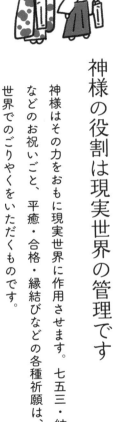

feel

境内で「気」を感じてみましょう

清々《すがすが》しい「気」なのか、優しいのか、厳しいのか、自分がどう感じるのかを知ることは大切です。コツコツと練習を積み重ねていけば、感覚が磨かれて「わかる能力」が上がっていきます。

神域で神様がサインをくれることがあります

歓迎のサインは嬉しくありがたいものです。わかりやすい現象ばかりではありませんから、見逃さないよう、気づかずに捨ててしまわないよう、アンテナを立てて参拝します。

神様は仲介を通しません

神様は歓迎の気持ちやアドバイスなど、必ず直接本人に伝えます。霊能力がないからと人に頼るのではなく、おみくじの意味や歓迎のサインに気づく努力をすることが大切です。

お出迎えやお見送りには感謝をしましょう

お出迎えやお見送りをしてくれた生き物に、お役目をねぎらう意味で「ありがとう」と言うと、とても喜んでもらえます。この言葉は相手の波動を上げるため、よいプレゼントにもなります。

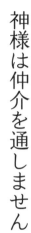

歓迎のサインの祈祷でも気遣いはいりません

最後までじっと聞かなければいけない、ということはありません。歓迎されたことに気づき、神様に「ありがとうございます」と感謝をすれば、その場を去ってもかまいません。

食事中の生き物に遭遇するのはラッキー

カエルなどを食事中のヘビに遭遇した……これは縁起が悪いと思ってしまうかもしれませんが、逆です。めったに見せてもらえない、運気アップにつながる吉兆です。

神様を〝感じる〟ことに焦りは禁物です

初めはかすかにしかわからなくても徐々に神様を感じる能力は育っていきます。「神仏の声を聞きたい」と先を急ぐと、ほのかな気配などを取り逃し、能力アップを遅らせてしまいます。

神様の愛情に気づくことが、第一歩

神様が歓迎している、目をかけてくれていると自覚すると、心がウキウキと弾み、元気になります。魂が癒やされることに加え、神様がわかる能力もここが出発点になります。

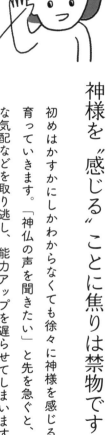

神様とコンタクトをするコツ

神様とコンタクトをするためには「意識の半分を神様に置く、残りの半分を自分に置く」ことが必須です。自分と神様だけに意識を置いていなければ、コンタクトは難しいです。

一律に受けられる恩恵よりも濃く

神様を感じようと神様アンテナに意識を集中すると、神様からさまざまなものを受け取る間口が大きく広がります。こうすることで通常もらえる恩恵よりも濃くたくさんいただくことができます。

パワーを感じやすい「千木」

全部の神社がそうではありませんが、千木《ちぎ》からはエネルギーが放出されています。じぃーっと見つめていると何かしら感じるものがあり、その感覚をつかむことが能力アップにつながります。

ご神木には敬意を払いましょう

高級霊が宿っているご神木に抱きつく、ベタベタさわる、という行為は、神様に抱きつく、神様をさわるということと同じです。「木」だからといって下に見てはいけません。

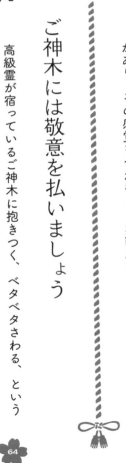

人間関係の改善はご神木のほうが効きます

夫婦円満など人との関係を好転させるのは、ご神木のエッセンスが効果バツグンです。1株が2本、3本に分かれて伸びているご神木はほぼすべて、このエッセンスを持っています。

エッセンスはご神木の下に立ってもらいます

ご神木には高級霊が宿っていますから、木の下に立って話しかけます。夫と仲良くしたい、同僚とうまく付き合いたい等のお願いをすると、頭上からエッセンスを降りかけてくれます。

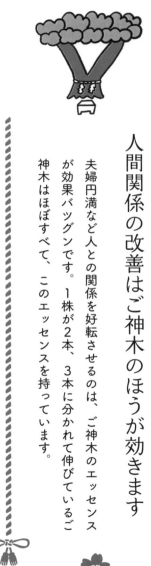

おみくじは1日に何回も引きません

1日で数社を参拝する時は、どの神社でおみくじを引くかあらかじめ決めておくといいです。あちこちで引いて見比べる、という神様の力を試すような行為はおすすめできません。

手を突っ込んで引くおみくじは左手で

左手に神経を集中して、おみくじボックスの中を見ずに、手の感覚をたよりに選びます。ピリピリ感じる、熱く感じるなど、引くべきものは他とはちょっと違っています。

よい内容のおみくじは保管しましょう

大吉やよいアドバイスが書かれたおみくじの保管は運を貯金しておくようなものです。落ち込んだ時などに読み返すと、魂が引いた時のよい運勢の感覚を思い出したり、励まされたりします。

よくない運勢はくくりつけて帰ります

よくない内容や凶のおみくじは「この運勢を引き取って下さい」と神様にお願いして、おみくじを結ぶところにくくりつけます。凶はツキがない状態を引き取ってもらえるアイテムです。

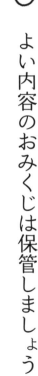

おみくじの小さな縁起物も返納します

小さな縁起物とは、おみくじとセットになっているお財布に入るサイズのものです。金色の亀とか、打出の小槌などですが、こちらもゴミとして捨てないようにします。

すぐに帰らずに参拝後も境内を楽しんで

神様の波動を少しでも長く、多く浴びることが大事です。社殿の彫刻をじっくり見たり、狛犬の特長を探してみたり、草花を観賞させてもらったりして、ブラブラと境内を歩きまわります。

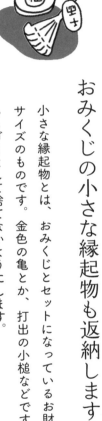

摂社末社はスルーしても大丈夫です

摂社末社の神様方はご祭神ではないことを理解されています。日中は本殿にいて留守がちなお社も多いです。すべてまわる場合は、本殿→摂社→末社、最後に本殿でご挨拶をして帰ります。

境内で人の噂話は避けましょう

誰かと一緒に参拝して、うっかり境内で人の噂話・悪口を言わないようにします。周囲の波動を下げてしまいますし、神域でそのような神様が嫌う行為は失礼になります。

グチを聞いてもらうことに遠慮はいりません

心の中で言うグチは悪口ではなく〝悩み〟です。誰にも言えないつらいこと・悲しいことなどは、神様に聞いてもらいましょう。魂が癒やされるのでサッパリします。

神社の写真は心の薬です

携帯やスマホで撮った写真に神仏の波動が入り込むことはありません。波動を入れてキープさせるには祈祷が必要だからです。写真を見ることで心が安らぐ、癒やされるという作用はあります。

写真がブレるのは高波動の影響です

神社やパワースポットでは高波動のため写真がブレてしまいがちです。神様に写真を撮らせてもらえるようお願いをすると、波動を調整してくれるのでうまく撮れます。

撮影禁止のルールは守りましょう

撮影禁止は神様の意思ではないため、撮影自体を叱られることはありませんが、平気でルール違反をする、みんなが我慢をしているのに自分だけ得をしたいという気持ちは眷属に叱られます。

境内の池や小川に足をつけてはいけません

聖域である可能性があります。もしも聖域だったら、なんらかのペナルティが課せられます（手は許してもらえますが足はアウトです）。境内が神域だということは常に頭に置いておきます。

神域では小石や葉っぱを拾いません

神様がいる霊山や神社でキレイな小石を見つけても、形のいい落ち葉があっても、勝手に持ち帰らないようにします。許してくれる眷属のほうが多いのですが、用心のためです。

※お守りとして持ち帰ってもいいという珍しい神社のことは『ごほうび参拝』に書いています

雨は浄化をしてくれます

雨には浄化作用があり、ありがたいものです。人間を浄化するだけでなく、その土地やその空間を、その日に浄化しなければいけない時もあります。

よい意味の「神社で転倒」は悪運・憑きもの祓い

強力に憑いているものを落とすためには神社の高波動に加え、転倒で受ける体の衝撃と、びっくりする心の反応が必要です。悪運を落としてくれる場合もあり、どちらもありがたいものです。

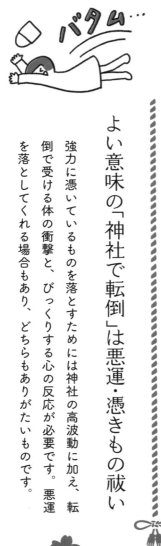

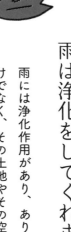

悪い意味の「神社で転倒」はペナルティ

何かしら失礼を働いたと思われます。しかしペナルティを払ったことで、その失礼は帳消しになりますから、その後は気にせずに参拝を続けて大丈夫です。

波動が1年続くお守りは自分で作ります

授与所に水晶のお守りがあれば買って包装から出し、神前に置きます。神様に強いパワー・濃い波動を入れてもらえるようお願いをすると、水晶は記憶する石なので1年間波動が持続します。

水晶のお守りは神社変更も可能です

境内に滝や小川があり、その水しぶきがもらえる神社に限り、波動の変更が可能です。水しぶきを水晶に直接かけることで波動が上書きされます。池や手水舎の水では上書きはされません。

運や福を呼ぶ宝船を選びましょう

宝船は置物も絵も七福神が乗っているものよりも、宝物がたくさん乗っているほうが縁起物度は高いです。山積みの宝物の中に金色の米俵があればパーフェクトです。

清め砂や清め塩は迷わず買っておきます

どちらもよくないものが憑いた時に利用できる便利なアイテムです。自分の体に塗ったり、部屋の四隅に置く、または部屋に撒いたりして使います。使う時は必ず窓を開けてからにします。

左手を上げた招き猫を買いましょう

左手を上げている招き猫は人（お客さん）を招くと言われていますが、右手を上げているものよりパワーがあります。スピリチュアル的に左手のほうが清浄なので縁起物度が高いというわけです。

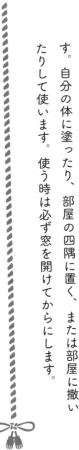

願掛けをサポートするのは木のおふだです

神様の波動が多く入っているのは「紙」のおふだですが、どうしても願掛けを叶えたい時は「木」のおふだを買います。木のおふだには願掛けをサポートする波動を入れてもらえるからです。

絵馬は表に「願」と祈願の種類を書きます

絵が描いてある面の左側に「願」、右側に「家内安全」「病気平癒」等の種類を書きます。裏面には願掛けの内容を細かく書きます。本殿で自己紹介をしていれば住所は書かなくても大丈夫です。

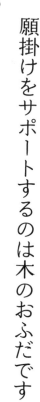

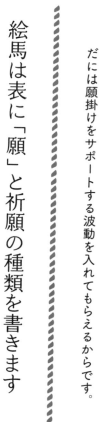

授与品の食べ物は体の中を浄化してくれます

祈祷でいただく授与品は事前にお祓いがされているので、神様の波動を帯びています。授与品のお米やお酒、お菓子などを体内に入れることで体の内側から浄化されます。

御朱印にはまれに縁起物があります

御朱印の中には、極めて、非常にまれにですが、縁起物があります。御朱印を集めていれば知らず知らずのうちに、縁起物を手に入れているかもしれません。

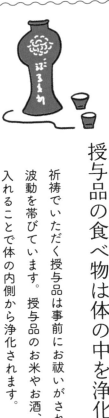

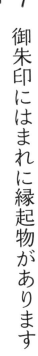

神社で買った縁起物の波動も1年で消えます

いくら縁起物であっても波動は1年しか持ちません。逆に言えば1年間は神社の波動入り縁起物というわけです。波動が消えても運や福を呼ぶパワーは別なので効力が衰えない限り縁起物です。

$$\frac{182.5}{365}$$

お守りの効果は約半年です

お守りは神社の「気」や波動を半永久的に放つわけではなく、効力は徐々に失せていきます。だいたい半年たつと波動が消えてしまうので、半年を過ぎたら取り替えましょう。

お守りはゴミとして捨てないようにします

半年たったら神社の古札《ふるふだ》納所《おさめしょ》へ持って行きます。購入した神社でなくてもオーケーです。お寺で買ったお守りは半年以内ならお寺へ、半年を過ぎていれば神社に持って行ってもかまいません。

飲酒は悪いことではありません

意外に思われるかもしれませんが、お酒を飲んで真っ赤な顔をして、千鳥足で参拝しても問題ありません。飲酒は失礼ではないのです。ただし、他人に迷惑をかける酔っ払いとなると、話は別です。

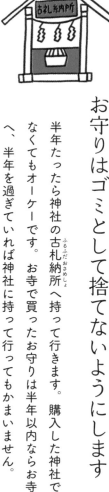

トイレが近くなるのはデトックスです

神社仏閣やパワースポットでは高波動や良質のパワーによって細胞が活性化するため、体内にある悪い物質が排出されます。トイレが近くなるのは毒出し効果です。

オナラとゲップはひとこと断ってから

自然現象なので境内で出しても許してもらえます。よそのお宅を訪問した時、堂々とオナラやゲップをしないのと同じで、神社でも事前に心の中でお断りしましょう。

境内での眠気は素直に従います

神様が体の治療をする、パワーを充電する、悪いものを落とすなど、メンテナンスをしてくれる場合、人間の意識が邪魔になります。ベンチでウトウトする程度でいいので眠るようにしましょう。

境内で急に生理になるのも高波動の影響です

体が正しく波動を受け取っている証拠です。自浄作用として急に生理になることがあります。生理中にわざと参拝したわけではありませんから、眷属も許してくれます。

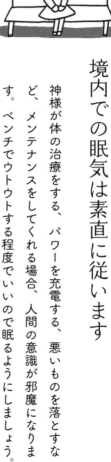

波動の恩恵には免疫力アップも

免疫力が上がることも高波動のよい影響でありがたいことです。病気にかかりにくくなりますし、軽い病気なら治ってしまうこともあります。

高波動になると守護霊ともつながれます

苦しい時やつらい時にそっとそばにいて優しく見守ってくれるのが守護霊です。本人以上に涙を流していることもあります。そのあたたかくてホッとする気配などが感じられるようになります。

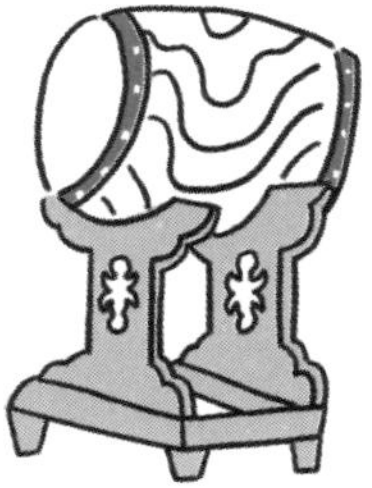

神域にある太鼓は神様の武器です

神社にある太鼓ですから神様の高波動が入っています。ドーンという音が出た時に神様が音にパワーを入れるため、パワーを持った音が悪いものを攻撃して祓ってくれます。

※悪いものへの攻撃力はお寺の太鼓のほうが強いです

悪い出来事が拒否とは限りません

夏なら蚊が飛んでいますし、新しい靴は足が痛くなります。その日の運気が悪い時もあります。本来ならもっと悪い状態になるところ、やや悪い程度で止めて守ってくれていることもあります。

料金受取人払郵便

豊島局承認

3147

差出有効期間
2025年2月28日
まで

郵便はがき

1 7 0 8 7 8 0

1 4 3

東京都豊島区池袋3-9-23

ハート出版

① 書籍注文 係
② ご意見・メッセージ 係（裏面お使い下さい）

〒		
ご住所		
お名前		女・男 歳
電　話	ー　ー	
注文書	ご注文には電話番号が必須となりますので、ご記入願います。 お届けは佐川急便の「代金引換」となります。代引送料￥400円。 ※書籍代（税込）￥1,500円未満は代引送料が￥750円かかります。離島の場合は日本郵便。	
		冊
		冊
		冊

ご愛読ありがとうございます（アンケートにご協力お願い致します）

●ご購入いただいた書籍名は？

●本書を何で知りましたか？

①書店で見て　②新聞広告（紙名　　　）

③インターネット　④その他（　　　）

●購入された理由は？

①著者　②タイトル　③興味あるジャンル・内容　④人から薦められて

⑤ネットでの紹介・評価　⑥その他（　　　）

●購入された書店名は？

区

市

町

ご意見・著者へのメッセージなどございましたらお願い致します

ありがとうございました

※お客様の個人情報は、個人情報に関する法令を遵守し、適正にお取り扱い致します。
ご注文いただいた商品の発送、その他お客様へ弊社及び発送代行からの商品・サービスのご案内をお送りすることのみに使用させていただきます。第三者に開示・提供することはありません。

関係者の冷たい態度は神様とは無関係です

神様は波動の低い人を動かす（使う）ことはありません。意地悪を言う人は神様の代弁者ではないのです。イヤな気持ちになっても神様とは無関係ですから、気にしないようにします。

神様の波動を長く持たせたい時は

参拝の最後に鳥居をくぐらないようにします。鳥居の横から出ると神様にいただいた波動が長持ちします。この場合、鳥居をくぐらないことは境内で神様に先にお伝えしておきます。

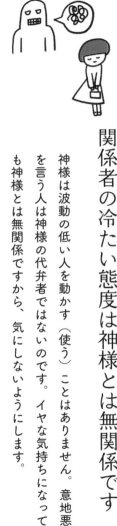

境内を出たあとの眠気は高波動の影響です

帰り道や帰宅後、強烈に眠くなるのは高波動に当たって体が心地よく疲労しているからです。プールで泳いだあとのようなものです。意識していなくても高度な修行となった可能性があります。

精進落としは大切です

参拝が高度な修行になった場合、あとから体調が悪くなることもまれにあります。帰りにお肉を食べる、アルコールを摂取するなどして精進落としをしておくと安心です。

いただいた神仏の波動

1回きりの参拝なら、2〜3日しか高い波動は維持出来ませんが、神社参拝を何回も繰り返していると、神域内にいる時だけでなく、日常の波動も徐々に上がっていきます。

参拝した記録を取っておきましょう

参拝内容のメモは能力アップにつながります。続けていると、将来謎が解けたようにスッキリすべてがわかる日が来ます。コツはその時の感情や感覚、事実などを細かく記録しておくことです。

たまに思い出して神社の「気」にひたります

詳細を記録をしておけば、どれだけ時間がたっていても読むと参拝時の気持ちになります。魂が神社の「気」を思い出すため、これを繰り返すことで神仏霊能力をアップさせることができます。

宿っていただくおふだの注意点

神棚に入れるおふだは神様に宿っていただくためのものです。地面や床に落とさない、床に置かないように気をつけます。神棚に入れないおふだは落としても問題ありません。

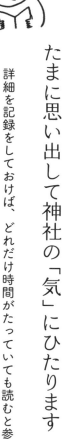

おふだは高い位置に立てて置きます

おふだは家具の上など高い位置に立てて置きます。波動の効力は1年ですから、1年たったら神社の古札納所へお返しします（お守りと同じくどこの神社でもかまいません）。

おふだは神社の窓口になります

神棚にお祀りすれば、その神社と家を確実につなぐパイプの役目をしてくれます。神社の窓口となってくれるのです。神棚に入《い》れない場合は、お守りの強力バージョンです。

縁起物はかき寄せ、招き、鳴らします

福運をゲットするには時々でいいので、熊手は手に持ってかき寄せるしぐさを、招き猫は手を招くように動かし、鈴は鳴らして音を出します。見えない世界でしっかり働いてもらうためです。

清め塩風呂は頭までつかります

清め塩をお風呂に溶かした塩風呂は、人から投げられた念などを落とすのに効果があります。1回だけでいいので頭のてっぺんまで、全身をすべてお湯の中に完全にひたします。

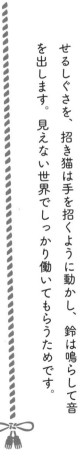

参拝も小さな修行のひとつです

参拝をすると神様が魂をほんの少し磨いてくれます。1回につきひと磨きです。同じ神社に繰り返し行くのも、あちこち多くの神社を訪れても効果は同じです。たくさん磨いてもらいましょう。

霊山の登山は立派な修行です

神様がいる山は登るだけで波動が上がり、神仏霊能力を磨く修行にもなります。登山中は神様にたくさんお話をしてもいいですし、歩行《ほこう》禅《ぜん》というただ黙々と歩く行《ぎょう》をするのもいいです。

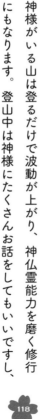

準備万端

霊山に登ってトイレがない場合

山では動物もフンをしていますから、ひとことお断りをすれば大丈夫です。ただ特別な聖域という場所があるため、簡易トイレを携帯することが望ましいです。

登山中、天狗にからかわれたらラッキー

不思議な出来事が起こったり謎の人物がいたらそれは天狗のいたずらの可能性があります。天狗に気に入られた証拠であり、神仏霊能力が発達する芽を持った人物と認められたことにもなります。

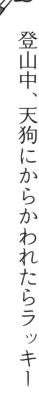

奥宮にいる神様を呼んでもらいましょう

奥宮が山の中腹や山頂にある場合、神様はそちらにいることが多いです。できれば登ったほうがいいのですが、無理だったら、麓の拝殿で眷属にお願いをすると神様を呼びに行ってくれます。

霊山での滝の禊は午後3時までです

山岳系神様のいる霊山の滝は高波動です。見つけたら禊《みそぎ》をさせてもらいます。手をひたすだけでもいいですし、頭頂部に何滴か落とすとなおいいです。ただし時間は午後3時まで限定です。

パワースポットの滝でも夕方は行かない

昔の修行場だった滝は、夕方になると亡くなった行者の霊が集まってきます。太陽がサンサンと照っているお昼は大丈夫ですが、夕方は手足をひたすことは絶対にやめたほうがいいです。

観光としての参拝も歓迎されます

神社は一度行ってみることが大切です。その参拝がその人にとって、運がひらくきっかけになるかもしれませんし、将来苦しい思いをした時に救いとなるかもしれないからです。

パワーある温泉につかりましょう

温泉は波動が高いのでおすすめです。強い神様がいる神社の周辺にある温泉は、さらにパワーアップされています。ちょっとつかるだけでも心身ともによい作用があります。

祈願成就したらお礼に行きましょう

お願いを叶えてもらったらお礼に行きますが、「すぐに」行かなければいけないということはありません。神様もすぐに来いとは言いませんから、あわてて行かなくても大丈夫です。

お礼やお供え物は日本酒が喜ばれます

社務所があるところは包装して熨斗《のし》をつけた一升瓶を持参し、小さな神社だったらカップ酒でオーケーです。カップ酒は実際に飲めるように、フタを開けてからお供えします。

お供え物はなるべく高い位置に

お供え物を置く場所はお社正面の階段の一番上の段です。柵などがある場合は、自分の手が届く範囲で一番上に置きます。お賽銭箱の上でもかまいません。3～5分たてば片付けても大丈夫です。

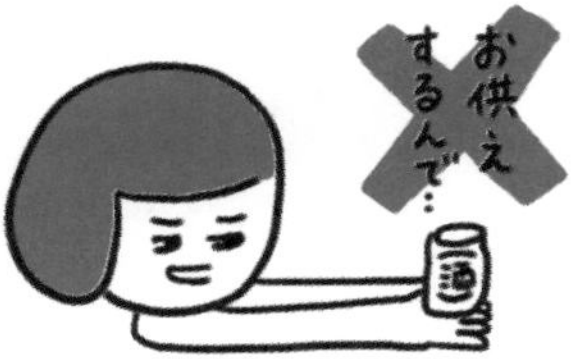

お供え物で取引してはいけません

通常の参拝でもお酒を持っていくと喜ばれます。ただし、「お酒を奉納するので、このお願いを聞いて下さい」という、取引をするようなことを言うのはＮＧです。

お供えしたものは置きっ放しにしません

神前にゴミを発生させることになるので、必ず持って帰ります。お酒だけは境内の端に撒いても問題ありませんが、神社によっては禁止しているところもあるため、確認が必要です。

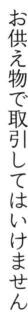

旅行に同行してもらいたい時は

神様や眷属は宿るところがなければその場にとどまることができません。旅行に一緒に行ってもらいたい時はお守りを用意します。白い色にすれば神格が高い神様でも宿ることができます。

神様に同行していただく時の注意点

お守りに長い紐を通して首に掛けるのが、神様に対してもっとも丁寧です。ポケットだったら胸のところに入れます。胸ポケットがない服なら、バッグの上部にあるポケットに入れます。

お守りは神様が助けに来る時の目印です

何か緊急で困ったことが起こった時に「神様、助けて！」とお守りを握って強く念じると、神様はこの目印めがけて、一瞬で飛んで来てくれます。

お守りはひとつだけ持つようにします

いくつか持っている人は出かける時に、その日の直感でひとつを選びます。複数のお守りを同時に持つよりも、ひとつだけのほうが波動が強く作用し、波動の混線も起こりません。

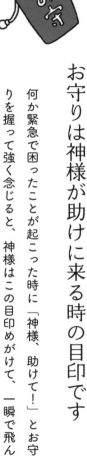

旅行安全祈願のお礼は体験談です

近所の神社で安全に旅行を終えられるよう祈願をしたら、そのお礼はお土産話をたくさんすることです。行った場所や食べたものの報告を、神様も眷属もニコニコして聞いてくれます。

常に自分の波動を上げる努力をします

意地悪をしたり、人を騙したり、よくないことをすると波動は下がります。人間は努力次第で神様の高波動に近づくことができますから、下げる行為をしてはもったいないです。

人間が神様のためにできることは応援です

神様を応援することは、私たち人間が神様のためにできることのひとつです。本当に喜んでもらえます。特に新米の神様や参拝者が激減している神社などは大歓迎されます。

好きだと思う神社仏閣は相性がよい証拠です

神社にも相性があります。なぜか大好きというところは神様のほうも好意を持ってくれています。相性がよい神社からは多くの恩恵をもらえるので、大事にすると人生がひらけていきます。

相性がよくない神社でもご安心を

神様や眷属から意地悪をされたり、体調が悪くなったりすることは絶対にありません。相性がよくない神社の割合は１００〜２００に１社くらいで、いただける恩恵が少ないというだけです。

同じご祭神となっていても神様は別です

同じご祭神の複数の神社から、どこか遠いところにいるその神様に手を合わせているのではなく、神社には〝必ず〟神様が鎮座されています。つまり同じご祭神の神社でも神様は別なのです。

ご祭神名にはこだわらずに

同じご祭神なのに神社の「気」が違うのは実際にいる神様が違うからです。気持ちのよい参拝ができる、ここの神様が大好きという感覚になれば〝その神様〟と相性がいいということです。

信仰を持つことは魂をピュアに保つこと

「宗教」を持つのではありません。神様のような大いなる存在を信じ敬うことは、自分がいかに弱く小さな人間であるかを知ることです。神前では素直になれますし、謙虚にもなれます。

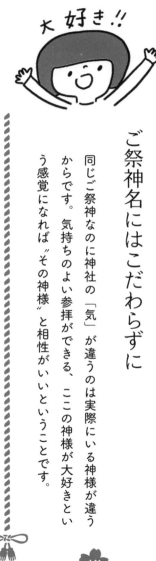

信仰はいくつ持ってもOKです

こちらの神社の神様、あちらの神社の神様、不動明王、観音さんなど、信仰はいくつ持ってもかまいません。どの神仏も自分だけを信仰せよ、とは決して言いません。

宗教が違うことを気にしなくても大丈夫

神様は自分以外の宗教を信じる人でも、差別をすることはありません。神様に会うために参拝にやって来た、それだけで十分なのです。その人は守ってあげるべき人間となっています。

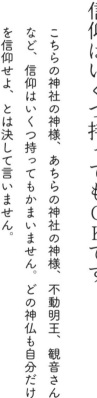

ご縁をいただけたら一生守ってもらえます

ご縁をいただくとその神様とのつながりが特別に太く強くなります。神様と自分を結ぶ道が常時できているような感じです。行けば行くほどあついご加護と恩恵がもらえるようになります。

代理で参拝してもらってもかまいません

参拝に行けない時は代理参拝も可能です。代わりに参拝する人は自分として行くのではなく、その人となって行きます。ですから自分の願掛けはしません。自分用のお守りを買うなども控えます。

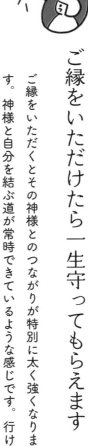

代理参拝よりも効果がある方法

代理ではなく普通に参拝して、自分の願掛けは一切せず、他人（親・兄弟・子どもなども含みます）のことだけを願います。自分より人を優先する気持ちは尊いので叶いやすいというわけです。

ペット連れの参拝は遠慮しましょう

ペットが悪いのではなく、粗相が悪いという理由でもありません。見えない世界では神様に失礼となるのです。神社が許可をしているところは連れて行っても大丈夫です。

神社にすんなり行けなかったのは方違えです

そのまま行くと「魔の落とし穴」に落ちてしまう、方角が悪いという場合、方違《かたたが》えをして救ってくれています。まれに信仰心を試されることもあります。いずれにしても悪いものではありません。

「魔」の世界にも顔がきくのは牛頭天王です

人から飛ばされたよくない念は、悪意のある、黒く濁った念です。これは「魔」の世界に位置します。普通の神様には消すことが難しくても、牛頭天王《ごずてんのう》だったらスッキリ祓ってくれます。

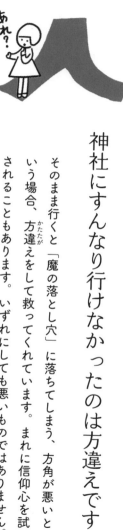

憑きもの祓いは開運につながります

波動の低い憑《つ》きものは、上昇しようとする運気を引っ張って下降させます。憑きものを取ることによっておもりがなくなり、低迷していた運気が徐々に上がっていきます。

車のお祓いはドアをオープンに

ボンネット、トランク、ドアをすべて開放してお祓いをしてもらいましょう。難しい場合は窓だけでも全開にしておきます。神様の波動が風に乗って車内を吹き抜け、スッキリ清められます。

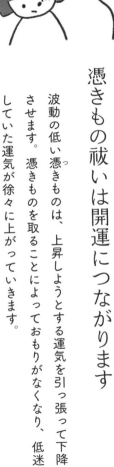

新品のお財布は神社でおろします

お財布の最初の仕事を「お賽銭を入れる」にすれば、その神社の神様がお財布の中を祓い清めてくれます。お金を出す時に大きく開くことがポイントです。縁起のよいお財布になります。

初日の出にはパワーがあります

科学的には元旦も他の日も変わらないのですが、初日の出には確実に大きなパワーがあります。私は顔を出した太陽に向かって2拍手し、お願い事を言い、2拍手で締めています。

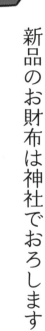

神社の特別な催しに参加しましょう

期間限定のおふだやお守りをもらいに行ったり、神楽や雅楽などのイベントを観覧したりすると、いつにも増して優しく柔らかい神様の波動がもらえます。心身が穏やかに整うのでおすすめです。

神社での行事は前祝いがベストです

七五三などのお祝い行事は11月15日よりあとにしてもまったく問題ありませんが、どちらかというと前（前祝い）にしたほうが断然、縁起がいいのでおすすめです。

「夏越の大祓」と「年越の大祓」

よくないことをしたり悪いことを考えたりすると、そのあとでいくら反省をしても魂には小さな黒いシミがつきます。年に2回ある大祓の行事はこれを落としてくれるので利用するといいです。

出雲大社の神在祭

神在祭《かみありさい》は全国から集まった大勢の神々に自分を知ってもらうチャンスです。本殿の西側に立ち、そこで自己紹介をして、将来の夢や、やりたいことなどをお話すると神様全員に聞いてもらえます。

神無月の参拝も無駄ではありません

神様が不在の神社は眷属が責任を持って留守番をしています。どこの誰が来て、どんな話をしたのか、どのようなお願いをしたのかなど、すべて漏らさず、きっちり神様に報告しています。

狸の神様とお稲荷さん

狸の神様は人間関係を円満にすることがお得意ですが、運気を上昇させ、その運気を高位置でキープさせるというごりやくもあります。お稲荷さんは金運に特別に強い、という特徴があります。

神社別おふだ波動一覧

秋葉	突然襲ってくる災難を防ぎたい うっかりミスをしたくない
八幡宮	目標を達成したい 前向きに頑張りたい
天満宮	学業・研究・開発を成就させたい 勉強が好きになりたい
稲荷社	神様にもっと近づきたい 神様がわかるようになりたい
白山	厄除けをしたい 信頼される人になりたい
猿田彦	夢を叶えたい 自分をもっと輝かせたい
日吉 山王、日枝	精神的に安定したい 勝負強くなりたい
住吉	自分の中にある矛盾をなくしたい 周囲とうまくやっていきたい
山岳	「魔」から守ってほしい 日々の生活を好転させたい
宗像	健康になりたい 家の中を明るくしたい
諏訪	仕事も家も繁栄させたい 霊感を強くしたい
金刀比羅宮	「魔」をはじいてほしい 運のメーターを上げたい
巣守神社〈境内〉	よい波動を充電したい 心を優しくまろやかにしたい
山の神 龍	生活をうるおわせたい 仕事の能力をアップさせたい
月読宮〈境内〉	運まわりをよくしたい 癒やされたい
伊勢神宮	幸せな人生をおくりたい

お寺

TEMPLE

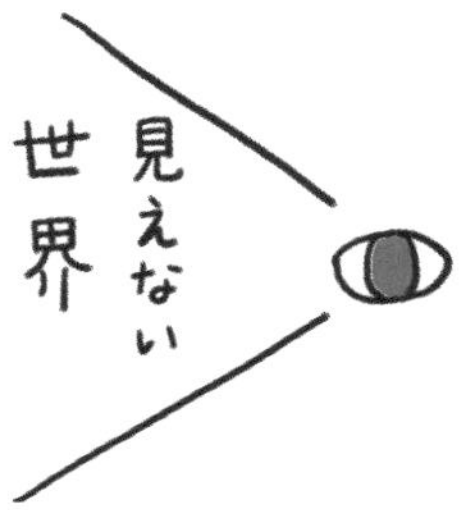

仏様の役割は見えない世界の管理です

お葬式、各種法要、供養など、あちらの世界でのご加護をもらうものが多くあるのはそのためです。写経や座禅などをして心の平安をはかるのも、すべて見えない世界でのことになります。

力があるから現実世界の願掛けも叶う

仏様は強い力を持っているので、本来のお仕事の見えない世界のことだけでなく、現実世界に関する願掛けも叶います。仏様によっては縁結びをしてくれたり、金運を授けてくれたりもします。

ステキ  anytime

仏様は喪中、生理中でも大丈夫

仏様の世界には神様の世界と違って「穢《けが》れ」がありません。神様とは存在自体が違うからです。喪中や生理中でも参拝オーケーなので、長い喪の期間などはお寺に行きましょう。

参拝に宗旨宗派は関係ありません

参拝するお寺が何宗で何派なのかを気にする必要はありません。たとえ自分の宗派と違っていても、好きな仏様がいる、ただそれだけの理由で十分なのです。

お寺での参拝の仕方

お賽銭を静かに入れます。ローソクを奉納してもいいところは灯《とう》明《みょう》が先で、次にお線香に火をつけます。合掌して目をつぶり頭を下げてお話をします。終われば礼をします。柏手は打ちません。

お葬式でのルールと違うのは

お葬式には必ず持参する数珠ですが、お寺の参拝では必要ありません。金具がついていたり光沢があったりする靴も、お葬式ではNGですが、お寺の参拝では問題ないです。

お香の煙で体を浄化しましょう

大きな香炉があって煙がもくもくしているところはラッキーです。仏様の前に漂うお香は「魔」を祓う効果があるので、手でいただいて体に塗りつけます。

人が奉納したお香でも効果あり

他人が奉納したお香の煙でも効果は同じです。必ずお香を買わなければいけないというものではないので、分けへだてなく与えて下さる仏様の慈愛として、ありがたくいただくといいです。

お香の奉納は功徳を積みます

自分が奉納したお香の煙に載せて、仏様が他の人に恩恵を授けるため、これは小さなお手伝いになります。功徳をひとつ積むことができる奉仕の一種です。

塗香で口も清めることができます

塗《ず》香《こう》とは粉末になっているお香です。ひとつまみ手に取って、手にすり込み全身を清めます。すり込みながら手を口《くち》のそばに持っていき、口からそっと〝香り〟を吸うと口も浄化されます。

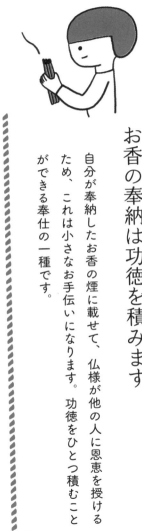

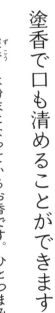

お賽銭はメインの仏様にまとめて

お寺はご本尊以外にも多くの仏像が安置されています。1体1体の前にお賽銭箱が置かれていますが、すべてにお賽銭を入れなくても、ご本尊のところにまとめて入れればオーケーです。

真言や定型句を唱えると丁寧になります

お賽銭を入れて合掌してから、真言や定型句を3回唱えます。ここで言う定型句とは、阿弥陀さんだったら「南無阿弥陀仏」、空海さんなら「南《な》無《む》大《だい》師《し》遍照金剛《へんじょうこんごう》」です。

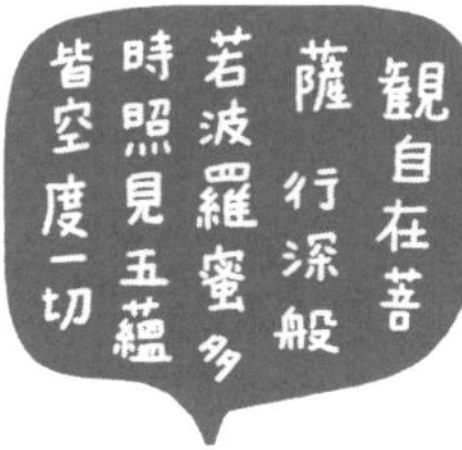
観自在菩
薩行深般
若波羅蜜多
時照見五蘊
皆空度一切

般若心経を唱えればより丁寧なご挨拶に

般若心経を唱えると仏様に対して礼儀正しいご挨拶となり、波動にもなじみやすく、つながりやすくなります。音が大事なので声に出して唱えます。つぶやく程度でオーケーです。

※般若心経は巻末に掲載しています

ご真言は

真言は仏様にいただいてからにしましょう

ネットで調べて唱えても効力を発揮しません。お寺のどこかに真言が書かれていたら仏様にいただいたということですが、その場で覚えられなければ〝今〟はまだ必要ではないということです。

真言はつながりを濃くします

真言は仏様によって違います。その仏様にご縁をもらえていれば、真言を唱えると、どこでも仏様とつながることができ、仏様が持つ力を借りることもできます。

「般若心経」「真言」「祝詞」の順番

自分で唱えるのであれば、ご挨拶や願掛け、お話をする前に唱えます。お坊さんや神職さんが唱えたＣＤや動画を流すのであれば、ご挨拶・願掛け・お話を終えたあと、最後に流します。

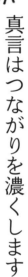

仏像から紐が伸びていたらラッキーです

紐《ひも》や細い綱（御手綱）をさわれば仏様と結縁《けちえん》できます。紐を合掌した両手ではさみ、その合掌した両手を額にくっつけると仏様にしっかりと覚えてもらえます。結縁も濃厚になります。

入らせてもらえるお堂は遠慮をせずに

本堂に上がれるところはありがたく入らせてもらいます。お堂の中と外とでは波動の強さが全然違うからです。神社と違ってお寺の場合、仏像の周辺が特に濃い波動となっています。

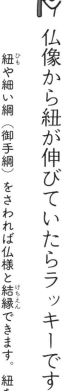

勤行や祈祷に参加する時のポイント

ほとんどの仏様は「般若心経」が唱えられている時に出てきます。頭を撫でてくれる仏様もいるので般若心経が始まったら頭を深く下げることがおすすめです。いただけるものの大きさが違います。

秘仏でもつながれる仏様もいます

秘仏は厨子《ずし》の扉がしっかり閉まっているので、波動すらもらえないところが多いです。まれに扉越しでも声をかけてくれたり、波動を流してくれたりする、優しく強い仏様もいます。

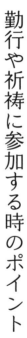

お寺の境内にあるお稲荷さんのお社

お寺にいるお稲荷さんは仏様の眷属となっているケースが多いので、柏手は打ちません。親分が仏様だからです。「2拍手をする」という説明があれば柏手を打っても大丈夫です。

仏像と仏様は違います

仏像は魂が入っていれば仏様ですが、入っていなければ（お坊さんがうまく魂《たま》入《い》れをしていなければ）ただの像です。お寺でもご本尊以外でたまに魂が入っていない仏像があったりします。

相性のよい仏様を見つけましょう

仏像が何体かあれば、1体1体じっくりとお顔を拝見します。微妙な波動の違いや雰囲気を感じることで、自分と相性のよい仏様がわかります。

額のポッチリか手のひらから始めます

仏様を見るコツは波動が強い部分に意識を集中することです。額のポッチリ（白毫《びゃくごう》）と手のひらからエネルギーが多く放出されているので、ここに意識を持っていきます。

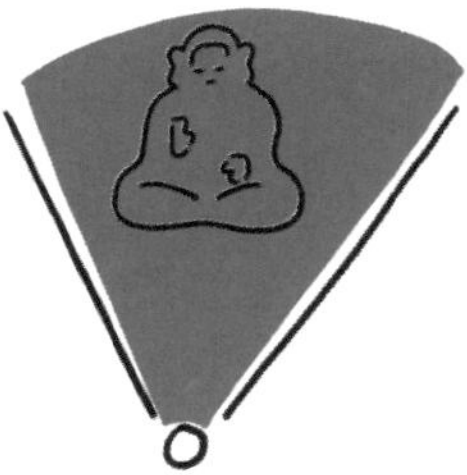

顔に集中すると奥に見えてきます

仏像の顔を、霊感を働かせながらじぃーっと見つめて見つめて見つめ倒します。するとその奥の空間に仏様が見えてきます。これは訓練が必要で、短期間で習得するのは難しいかもしれません。

癒やしをくれるローソクの炎

仏様の波動を魂で感じながらローソクをじっと見つめていると、しゅーっと細く長く伸びたりします。歓迎されていることが実感できます。ローソクの炎には心を癒やす作用もあります。

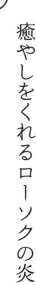

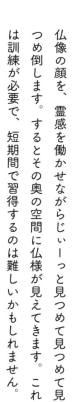

戒壇巡りは貴重な体験です

地下に戒壇《かいだん》巡りがあるお寺はありがたく拝観します。右も左もまったく見えない暗闇で一心に仏様に祈る行為は意識を仏様に持っていきやすく、仏様とコンタクトをするコツがつかめます。

鐘をつけるところでは遠慮なくチャレンジ

音と共鳴の振動でよくないものが、さっぱりスッキリと落ちます。縁起もいいですし、鐘をつかせてもらえるお寺は多くないので、ありがたくつかせてもらいます。

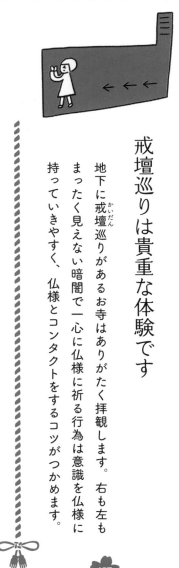

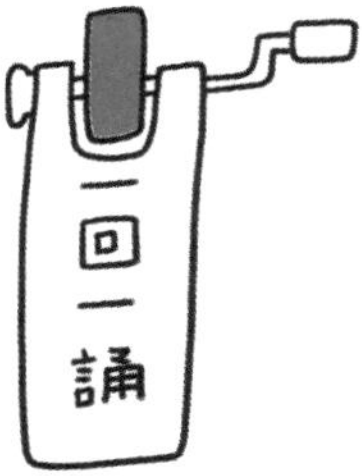

摩尼車があったらまわしてみましょう

摩尼車《まにぐるま》には円筒形のものと、石の輪っかをぐるぐるまわすタイプがあります。1回まわすとお経を1回唱えたことになります。まわすだけで功徳がもらえる大変ありがたいものです。

お寺の五鈷杵にはパワーがあります

五鈷杵《ごこしょ》を買って家に置いてもなんのパワーもありませんが、お寺に置かれているものには強い力があります。さわらせてもらえるお寺では遠慮なくさわりましょう。

仏様へのお礼は和菓子か果物が喜ばれます

仏様はお菓子がお好きです。ただし、おせんべいやあられ、洋菓子はやめておきます。自分でお供えする時は、包装を開けて、実際に食べられるようにしてからにします。

観音さんとお釈迦さんはオールマイティです

どんなお願いをしても大丈夫です。どの仏様も優しいのですが、観音さんは特に優しさが際立っています。お釈迦さんは頼もしい感じがする仏様です。

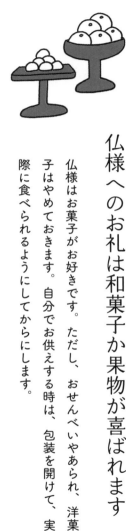

憑きもの祓いは不動明王にお願いします

悪霊など邪悪で力があるものを祓うパワーが強いのは、不動明王です。見た目は怖いのですが、よく笑うお不動さんもいたりして、実はとても優しい仏様です。

体のことは薬師如来さんにお願いします

薬師如来さんにも何をお願いしてもかまわないのですが、体に関する願掛けに特に強いです。脇侍《わきじ》の日光・月光《がっこう》菩薩と三位一体で癒やしの光線をくれるところもあります。

薬師如来さんから出る治療の光線

平癒祈願をすると治療の光線を当ててくれます。誰を治療してほしいのかを言うと、参拝者の体に当てた光線がその人に会った時にそちらに移るようにしてくれます。

銭洗いの効果は弁天さん像で判断を

お金を洗うと金運がアップする水場とされていても、そこに白ヘビがいなければお金の念の垢《あか》は落ちません。白ヘビは弁天さんの眷属でもあるので、弁天さん像があるかどうかで判断します。

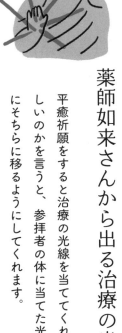

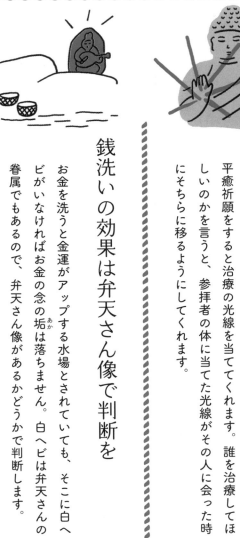

スポーツ関係に最強なのは天狗です

天狗（カラス天狗や大《おお》天狗）はその人が持っている運動能力を最大限発揮させることができます。新記録を出したいという選手は大会の前にお願いに行くといいです。

飛鳥仏教の仏様はフットワークが軽いです

飛鳥時代の仏様は歩いてどこまででも衆生《しゅじょう》を救いに行きます。お願いをすれば誰のところにでも行ってくれますし、将来何かあった時に救って下さいという将来のお願いもオーケーです。

仏像を撫でるコツ

びんずるさんや撫《な》で大黒さんなど、さわらせてもらえる仏像はけっこう多いです。大きく効果がいただけるのは、手を左右に動かすのではなく、一方向に何回も撫でるやり方です。

水をかける仏像に願掛けをする時は

水かけ地蔵や花まつりのお釈迦さんなど、水や甘茶をかける仏像の場合、ひとかけごとに願掛けを心の中で言います。同じ願いを水をかけるたびに繰り返すことでお願いする力が強くなります。

興味本位で心霊スポットに近づかない

心霊スポットがよくないのは幽霊などの低い波動の影響で自分の波動も低くなるからです。そうなると体調が悪くなったり、運気が下がったり、神仏からの助けも届かなくなります。

洞窟は安全とは言えません

いくら仏像が何体も安置されていても洞窟には修行僧の念がこもっていることがあります。この念を浴びるのはよくないです。修行僧が成仏せずに残っているところもあります。

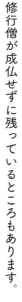

落ちているおふだをうっかり拾わない

石仏の前に置かれている修験者が勤行《ごんぎょう》したおふだは普通のものとは違います。強い力の祈祷が入っているので、もし下に落ちていてもさわらないようにします。

石仏の体にお金を載せるのは失礼です

屋外や霊山に安置されている石仏の手や体の上に一円玉が載せられている光景をよく見ます。これは大変失礼であり、仏様もイヤがっています。見かけたら下ろして差し上げましょう。

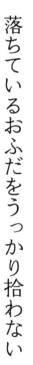

道端のお地蔵さんの信仰は慎重に

お地蔵さんに魂が入っていないこともありますし、そばに成仏していない霊が集まっているところもあります。霊感で大丈夫かどうか判断できるまで、参拝は遠慮しましょう。

不動明王の真言は身を守ります

神仏がいない、魑魅魍魎《ちみもうりょう》が跋扈《ばっこ》しているような山に入る時や、心霊スポットで何かが憑いてきそうな時も、不動明王の真言を声に出して唱え続ければ、悪いものは近づくことができません。

お不動さんの真言は最強です

「魔」の力が強い海の中や、「気」が滞っている地下に入る時も、お不動さんの真言を唱えればよくないものに憑かれることはありません。自分の周囲に結界ができたようになります。

金縛りに遭ったら仏様にSOS

お不動さんや観音さんの真言を繰り返し唱えます。空海さんの「南無大師遍照金剛」でもいいです。早い時は2〜3回唱えただけで、スーッと金縛りが解けて楽になります。

仏様には手術中ずっと守ってもらえます

「穢れ」がない仏様ですから、手術中もずっとそばについて守ってくれます。何月何日の何時から、どこそこの病院で誰がどんな手術をするのか、詳しくお話をしてお願いをします。

年忌供養を忘れないようにしましょう

宗派や地域によって年忌の年数は違いますが、どれに合わせるのかは自由です。年忌供養はあちらの世界でのステップアップをサポートするので命日の供養よりもはるかに喜んでもらえます。

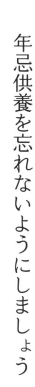

写経は故人を思う気持ちが伝わる供養です

お坊さんの読経にはかないませんが、写経はあたたかい波動を持った心地よい供養になります。亡くなった人に本当に喜んでもらえますし、死後の状態がよくない人には大きな救いとなります。

写経は仏様に奉納してもらえるところで

写経は仏様が届けてくれるため、仏様に奉納することによって見えない世界に作用します。親・兄弟や親戚だけでなく、会ったことがない人や宗教が違う人にも供養パワーを発揮します。

※奉納してもらえるかどうかは、お寺によります

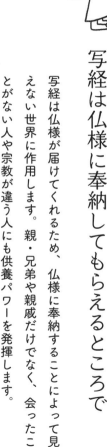

仏壇の扉は常時開けておきましょう

ご先祖様に常に守ってもらうためには仏壇の扉は常時全開にしておきます。守る力を封印しないためです。時々お線香やローソクに火を灯して「気」を整えるとご先祖様の力が曇りません。

家からよくないものを追い出す方法①

「魔」に属するものたちはキンモクセイなどの樹木の香りを嫌います。生きている樹木の香りでなければ効果がないので、季節は限られますが、その時々で香りを放つ花を飾るといいです。

家からよくないものを追い出す方法②

「魔」に属するものたちは振動をともなう音が苦手です。お寺の鐘がそうですが、振動をともなう音の余韻で逃げていきます。家庭で利用をするのなら金剛鈴《こんごうれい》や持鈴《じれい》がおすすめです。

家からよくないものを追い出す方法③

外から入ってくる「魔」に属するものたちに効くのは角《つの》大師の護符です。玄関を開けた時に外から見える位置に貼るのが理想ですが、場所が玄関だったらどの位置でもかまいません。

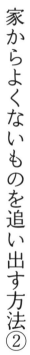

家からよくないものを追い出す方法④

滞った「気」が大好きな「魔」に属するものたちは掃除をしなければ居着く可能性があります。掃除ができない時は、早朝の清浄な空気か、日光のパワーを帯びた空気を家に入れます。

護符は貼り直さないのが鉄則です

護符は貼るとそこから効力を発揮します。ゆがんでいるから貼り直そうと剥がしてしまうとその時点で効力を失います。壁に押しピンで貼るよりも糊でペタッと貼ったほうがパワーがあります。

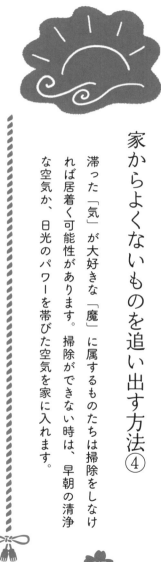

魂は亡くなる直前にお別れに行きます

亡くなってから行くのではありません。お世話になった神様や仏様に最後のご挨拶をするのはこの時でもオーケーなので、病気などでお礼に行くのが難しい場合、無理をしなくても大丈夫です。

仏様のお誕生日をお祝いしましょう

4月8日はお釈迦さんのお誕生日です。「ありがとう」の次に波動の高い言葉「おめでとう」を仏様に贈ることができる日です。空海さんや最澄さんのお誕生日もお祝いすると喜ばれます。

般若心経

（摩《ま》訶《か》般《はん》若《にゃ》波《は》羅《ら》蜜《みっ》多《た》心《しん》経《ぎょう》）

玄奘三蔵 漢訳

観《かん》自《じ》在《ざい》菩《ぼ》薩《さつ》　行《ぎょう》深《じん》般《はん》若《にゃ》波《は》羅《ら》蜜《みっ》多《た》時《じ》
照《しょう》見《けん》五《ご》蘊《うん》皆《かい》空《くう》　度《ど》一《いっ》切《さい》苦《く》厄《やく》
舎《しゃ》利《り》子《し》　色《しき》不《ふ》異《い》空《くう》　空《くう》不《ふ》異《い》色《しき》
色《しき》即《そく》是《ぜ》空《くう》　空《くう》即《そく》是《ぜ》色《しき》
受《じゅ》想《そう》行《ぎょう》識《しき》　亦《やく》復《ぶ》如《にょ》是《ぜ》
舎《しゃ》利《り》子《し》　是《ぜ》諸《しょ》法《ほう》空《くう》相《そう》

心《しん》無《む》罣《けい》礙《げ》　無《む》罣《けい》礙《げ》故《こ》　無《む》有《う》恐《く》怖《ふ》
遠《おん》離《り》一《いっ》切《さい》顛《てん》倒《どう》夢《む》想《そう》　究《く》竟《きょう》涅《ね》槃《はん》
三《さん》世《ぜ》諸《しょ》仏《ぶつ》　依《え》般《はん》若《にゃ》波《は》羅《ら》蜜《みっ》多《た》故《こ》
得《とく》阿《あ》耨《のく》多《た》羅《ら》三《さん》藐《みゃく》三《さん》菩《ぼ》提《だい》
故《こ》知《ち》般《はん》若《にゃ》波《は》羅《ら》蜜《みっ》多《た》
是《ぜ》大《だい》神《じん》呪《しゅ》　是《ぜ》大《だい》明《みょう》呪《しゅ》

不《ふ》生《しょう》不《ふ》滅《めつ》　不《ふ》垢《く》不《ふ》浄《じょう》　不《ふ》増《ぞう》不《ふ》減《げん》
是《ぜ》故《こ》空《くう》中《ちゅう》　無《む》色《しき》無《む》受《じゅ》想《そう》行《ぎょう》識《しき》
無《む》眼《げん》耳《に》鼻《び》舌《ぜっ》身《しん》意《い》　無《む》色《しき》声《しょう》香《こう》味《み》触《そく》法《ほう》
無《む》眼《げん》界《かい》乃《ない》至《し》無《む》意《い》識《しき》界《かい》
無《む》無《む》明《みょう》　亦《やく》無《む》無《む》明《みょう》尽《じん》
乃《ない》至《し》無《む》老《ろう》死《し》　亦《やく》無《む》老《ろう》死《し》尽《じん》
無《む》苦《く》集《しゅう》滅《めつ》道《どう》　無《む》智《ち》亦《やく》無《む》得《とく》　以《い》無《む》所《しょ》得《とく》故《こ》
菩《ぼ》提《だい》薩《さっ》埵《た》　依《え》般《はん》若《にゃ》波《は》羅《ら》蜜《みっ》多《た》故《こ》

是《ぜ》無《む》上《じょう》呪《しゅ》　是《ぜ》無《む》等《とう》等《どう》呪《しゅ》
能《のう》除《じょ》一《いっ》切《さい》苦《く》　真《しん》実《じつ》不《ふ》虚《こ》
故《こ》説《せっ》般《はん》若《にゃ》波《は》羅《ら》蜜《みっ》多《た》呪《しゅ》
即《そく》説《せつ》呪《しゅ》曰《わっ》
羯《ぎゃ》諦《てい》羯《ぎゃ》諦《てい》　波《は》羅《ら》羯《ぎゃ》諦《てい》　波《は》羅《ら》僧《そう》羯《ぎゃ》諦《てい》
菩《ぼ》提《じ》薩《そ》婆《わ》訶《か》
般《はん》若《にゃ》心《しん》経《ぎょう》

初日の出 ……………………… / 154
波動 … / 20,72,76,85,89, 91,93,94, 152,173,180,183,186,211
波動（高波動・上げる、強い）… / 10, 21,38,56,77,82,84,97, 100-103,107,109,118,122, 125,134,136,155,178,184,220
波動（低波動・下げる）… / 74,105, 136,151,201
花まつり ……………………… / 200
パワー … / 21,63,84,88,93,99,103, 125,154,190,193,212,217,218
パワースポット ……… / 77,97,123
般若心経 …… / 173,176,179,巻末
必須 …………………………/ 61
秘仏 ………………………… / 180
紐・細い綱 ……………… / 132,177
白毫 ………………………… / 184
びんずるさん ………………… / 199
仏像 ………/ 171,177,178,182,183, 185,199,200,202
仏壇 ………………………… / 213
不動明王 ……… / 143,193,206,207
古札納所 ……………………/ 95,113
ペット ……………………… / 9,148
ペナルティー ……………………/ 83
弁天さん …………………… / 196
奉納 ……………………… / 169,212
歩行禅 ……………………… / 118
本殿 …………… / 13,30,34,73,158

【 ま 行 】

魔 ……………/ 167,207,214-217
魔の落とし穴 ………………… / 149
魔の世界 …………………… / 150
前祝い ……………………… / 156
窓を開ける ……………………/ 87,152
末社 ………………………… / 36,73
摩尼車 ……………………… / 189
招き猫 ……………………………/ 88,115
禊 ……………………………… / 122
免疫力 ………………………… / 101
喪・喪中 ………………… / 6-9,163

【 や 行 】

薬師如来さん …………… / 194,195
やめて ……………………… / 5,123

【 ら 行 】

ラッキー ……… / 58,120,167,177
ルール違反 ……………………/ 78
霊格 ……………………………/ 23
霊山 ……… / 80,118,119,122,204
ローソク …………… / 165,186,213

【 わ 行 】

和菓子・洋菓子 ……………… / 191

参拝－初参拝 ……………………/ 49
－日にち・時間 ………… / 1-3
－服装 ……………………… / 4
－ペット ……………… / 9,148
－礼・拍手 …………… / 33,34
塩風呂 ……………………… / 116
敷居 …………………………/ 14
自己紹介 ……………/ 13,16,90,158
地蔵さん ………………… / 200,205
失礼 …………/ 6,28,74,83,148,204
失礼ではない ……………… / 40,96
釈迦さん …………… / 192,200,220
写経 ………………… / 161,211,212
写真撮影 …………………… / 76-78
宗教 ………………… / 142,144,212
修行・修行僧 … / 107,108,118,202
守護霊……………………… / 11,102
数珠 ……………………… / 166
授与品 ………………………/ 91
浄化 ………………… / 81,91,167,170
精進落とし ……………… / 108
神域・聖域 … / 13,14,17,24,54,74,79,80,103
神格 ……………… / 3,10,42,131
信仰・信仰心 ……… / 35,142,143,149,205
真言 ……… / 172,174-176,206-208
心霊スポット ………………… / 201
水晶 ……………………… / 84,85
塗香 ……………………… / 170
厨子 ……………………… / 180
鈴 …………………… / 29,115,215
スルー ……………………/ 73
生理 ……………… / 6,100,163
石仏 ………………………/ 23,203
摂社 ……………………… / 36,73

【　た　行　】

太鼓 ………………………… / 103
大黒さん ………………… / 199
代理参拝 ……………… / 146,147
宝船 …………………………/ 86
滝 ……………… / 85,122,123
狸の神様 ………………… / 160
魂入れ ……………………… / 182
魂 ……………… / 10,60,69,74,111,117,142,156,182,186,205
千木 …………………………/ 63
憑きもの ……… / 52,82,151,193
角大師 ……………………… / 216
デトックス ………………… / 97
手水・手水舎 …………… / 19,20,85
天狗 ……………………… / 120,197
転倒 ……………………… / 82,83
トイレ ……………………/ 97,119
洞窟 ………………………… / 202
同行 ……………………… / 131,132
灯明 ………………………… / 165
登山 ……………………… / 118,119
鳥居 ……………… / 13,15,24,106
取引 ………………………… / 129

【　な　行　】

日本酒・お酒 … / 91,96,108,127,129,130
眠気 ……………………… / 99,107
年忌供養 ………………… / 210
念の垢 …………………… / 196
念を落とす ……………… / 116
祝詞・簡易祝詞 … / 巻頭,36,37,176

【　は　行　】

葉っぱ ………………………… / 23,80

合掌 ………… / 34,35,165,172,177
金縛り ………………………… / 208
鐘 ……………………………… / 188
神在祭 ………………………… / 158
歓迎 … / 54,55,57,60,124,137,186
感謝 ……………………… / 56,57
神無月 ………………………… / 159
観音さん …………… / 143,192,208
気－神様 ……………………… / 59
　－境内 ……………………… / 53
　－祭神 ……………………… / 141
　－神社 ……………………… / 111
祈願－安産 …………………… / 49
　　－縁結び ………………… / 43
　　－同じ事 ………………… / 40
　　－数 ……………………… / 39
　　－ギャンブル …………… / 46
　　－金運 …………………… / 45
　　－合格 …………………… / 47
　　－手術・病気平癒 ……… / 44,195
　　－世界平和 ……………… / 41
　　－旅の安全 ……………… / 135
　　－夢実現 ………………… / 48
吉兆 …………………………… / 58
祈祷 …………………… / 179,203
拒否 …………………………… / 104
清め砂・塩 ……………… / 87,116
グチ …………………………… / 75
靴 ……………………………… / 166
供養 ………………… / 161,210-212
黒い色 ………………………… / 4
結縁 …………………………… / 177
結界 ……………………… / 14,207
ゲップ ………………………… / 98
眷属 ………/ 11,13,24,25,32,78,80,100,121,131,135,139,159,181,196
小石 …………………………… / 80
香・塗香 ……………… / 167-170
高級霊 ……………………… / 64,66
ご縁 ………… / 27,49,145,175
五鈷杵 ………………………… / 190
御朱印 ………………………… / 92
ご神木 ……………………… / 64-66
牛頭天王 ……………………… / 150
コツ ……… / 61,110,184,187,199
護符 ……………………… / 216,218
狛犬 …………………… / 22,23,72
ゴミ ……………… / 23,71,95,130
勤行 ……………………… / 179,203
コンタクト ……………… / 61,187

【さ行】

祭神 ………………… / 73,140,141
賽銭 ………… / 26-28,153,165,171
財布 …………………………… / 153
サイン ……………… / 5,54,55,57
座禅 …………………………… / 161
参道 …………………… / 12,15,24
参拝－１日の数 …………… / 10,20
　　－応援 …………………… / 137
　　－回避 …………………… / 205
　　－観光 …………………… / 124
　　－神無月 ………………… / 159
　　－記録 ……………… / 110,111
　　－眷属 …………………… / 24
　　－姿勢 …………………… / 32
　　－宗旨 …………………… / 164
　　－生理・喪中 …… / 6,100,163
　　－代理 ……………… / 146,147
　　－立ち位置 ……………… / 30
　　－人数 …………………… / 5
　　－祝詞 …………………… / 37

索引

【　あ　行　】

相性 …………… / 138,139,141,183
合図 ……………………………/ 31
阿弥陀さん …………………… / 172
雨 ………………………… / 15,81
池 ………………………… / 79,85
意識の半分 ……………………/ 61
稲荷さん ………………… / 160,181
イベント …………………… / 155
癒やし ……………/ 60,74,76,186
噂話 ……………………………/ 74
ＮＧ …………… / 45,64,129,166
絵馬 ……………………………/ 90
縁起物－効力 …………………/ 93
　　　－御朱印 ………………/ 92
　　　－鈴・熊手 …………… / 115
　　　－宝船 …………………/ 86
　　　－返納 …………………/ 71
　　　－招き猫 ……………/ 88,115
縁結び ……………… / 43,51,162
大祓 ……………………… / 157
オーケー ……………… / 36,42,95,
127,163,171,173,198,219
小川 ……………………… / 79,85
奥宮 ……………………… / 121
おすすめ ………/ 1-3,5,62,125,155,
157,179,215
おすすめできない ……………/ 29,67
お供え物 ……………… / 1,127-130
オナラ …………………………/ 98
お祓い－悪運・憑きもの …/ 82,193
　　　－車 …………………… / 152
　　　－授与品 ………………/ 91
おふだ－位置 ……………… / 113
　　　－神様の宿 ………… / 112
　　　－期間限定 ………… / 155
　　　－勤行・拾わない …… / 203
　　　－窓口 ……………… / 114
　　　－木製 …………………/ 89
お守り－神様の宿 ………… / 112
　　　－期間限定 ………… / 155
　　　－強化 …………………/ 38
　　　－効果 …………………/ 94
　　　－購入 …………………/ 21
　　　－個数 ……………… / 134
　　　－白い色 …………… / 131
　　　－水晶 …………… / 84,85
　　　－代理参拝 ………… / 146
　　　－注意点 …………… / 112
　　　－返納 …………………/ 95
　　　－目印 ……………… / 133
　　　－旅行 …………… / 131,132
おみくじ－縁起物 ………………/ 71
　　　　－回数 ………………/ 67
　　　　－引き手 ……………/ 68
　　　　－よい内容 …………/ 69
　　　　－悪い内容 …………/ 70
お礼・お礼参り ………………/ 40,
126,127,135,191,219
温泉 ……………………… / 125

【　か　行　】

戒壇巡り ………………… / 187
傘 ………………………………/ 15
柏手 ……………… / 31,165,181
方違え …………………… / 149

桜井識子《さくらい しきこ》

神仏研究家、文筆家。

霊能者の祖母・審神者の祖父の影響で霊や神仏と深く関わって育つ。神社仏閣を2000ヶ所以上参拝して得た、神様仏様世界の真理、神社仏閣参拝の恩恵などを広く伝えている。神仏を感知する方法、ご縁・ご加護のもらい方、人生を好転させるアドバイス等を書籍やブログを通して発信中。

『開運に結びつく神様のおふだ』『ごほうび参拝』(ハート出版)、『神様仏様とつながるための基本の㋖』(PHP研究所)、『ごりやく歳時記』(幻冬舎)、『おみちびき』(宝島社)、『死んだらどうなるの?』(KADOKAWA)など著書多数。

「桜井識子オフィシャルブログ～さくら識日記～」

https://ameblo.jp/holypurewhite/

イラスト　上路ナオ子

1966年東京生まれ。会社員を経てイラストレーション青山塾修了後、安西水丸氏に師事。

毎年の初詣は鶴岡八幡宮。交通守りをいただいて帰ってきます。


〈新装改訂版〉

〝識子流〟ごりやく参拝マナー手帖

令和五年三月十三日　第一刷発行

著　者　桜井識子
発行者　日髙裕明
発行所　ハート出版
〒一七一－〇〇一四　東京都豊島区池袋三－九－二三
〇三－三五九〇－六〇七七

ISBN978-4-8024-0151-7

印刷・製本／中央精版印刷　編集担当／日髙、佐々木